Schülergerechte Witze für LEHRER

gesammelt von
Axel Cäsar Falckenstein

Illustriert von
Stefan Theurer

Eichborn Verlag

© Vito von Eichborn Verlag GmbH & Co. Verlag KG,
Frankfurt am Main, Februar 1992.
Umschlaggestaltung: Uwe Gruhle unter Verwendung eines
Motivs von Stefan Theurer.
Gesamtherstellung: Fuldaer Verlagsanstalt GmbH, 6400 Fulda.
ISBN: 3-8218-2901-X
Verlagsverzeichnis schickt gern:
Eichborn Verlag, Hanauer Landstraße 175, D-6000 Frankfurt 1

Vorwort

Die Schlachtanordnung für Schulmeister lautet: wie kann man sich gegen eine Horde von Krakeelern, Ignoranten und Faultieren behaupten – Figuren, die nichts weiter im Sinn haben als ihre Spickzettel zu verstecken und den Lehrern das Leben zur Hölle zu machen? Nachdem die Prügelstrafe offiziell abgeschafft ist, keine gemütliche Aufgabe.

Für Schüler dagegen ist die Schule ätzend. Wenn es um Latein, Algebra oder Karl den Großen geht, kommt ihnen das große Gähnen. Denn all dieser Kram lenkt von den wirklich wichtigen Dingen des Lebens ab als da sind: Hamburger essen, Fußball, sich Videos reinziehen oder nachts in Discos herummachen. Das sind echt geile Erfahrungen, zu denen Lehrer, diese aufgeblasenen Komiker, keinen Zugang haben.

Pauker erscheinen in Schüleraugen als herablassend, despotisch, vermessen und machtgeil. Deshalb muß ihnen das Handwerk gelegt werden. Sonst versaut man (oder frau) sich mit der Schule die ganze Jugend. Und die kehrt ja nicht wieder.

Schließlich kommt es in unserer Gesellschaft darauf an, oben zu stehen, der erste zu sein. Und dabei ist Bildung nur hinderlich und lästig. Wie sagt schon ein ukrainisches Sprichwort: »Wissen ohne Verstand ist Tand!«

Axel Cäsar Falckenstein

Lehrer: »Ihr seid die schlechteste Klasse, die ich je in Mathematik hatte. Mindestens 70 % bekommen bei dieser Arbeit eine fünf.«
Schüchterne Stimme aus dem Hintergrund: »Aber so viele sind wir doch gar nicht.«

Lehrer: »Heute sprechen wir über Gegenstände, die sich bei Wärme ausdehnen und bei Kälte zusammenziehen. Kann mir jemand ein Beispiel nennen?«
Schülerin: »Verzeihung, haben wir jetzt Physik oder Sexualkunde?«

»Woher hast du denn die Maschi-
nenpistole, Peter?« fragt der Musik-
lehrer den Jungen, als er den Gei-
genkasten geöffnet hat.
»Heiliger Bimbam«, antwortet
Peter, »jetzt steht mein Vater mit
der Geige in der Bankfiliale!«

Petra soll einen Aufsatz über ihre Vorfahren
schreiben. Sie fragt die Mutter: »Wo bin ich her-
gekommen?«
»Dich hat der Storch gebracht.«
»Und wo bist du hergekommen?«
»Auch vom Storch.«
»Und Oma, hat die auch der Storch gebracht?«
Ihre Mutter bejaht.
Petra beginnt ihren Aufsatz: »In unserer Familie
hat es seit drei Generationen keine normale
Geburt mehr gegeben . . . «

Schülergespräch.

Jens-Peter: »Unser Lehrer hat keine Ahnung wie ein Pferd aussieht.«

Heiko: »Mann, das gibts doch gar nicht.«

Jens-Peter: »Wenn ichs dir sage. Ich hab in der Zeichenstunde ein Pferd gemalt und er hat gefragt, was das sein soll.«

Der Schulrat kommt zu einer Inspektion in die Klasse. Unerwartet stellt er eine Frage: »Was weißt du vom *Zerbrochenen Krug*?«

Der Schüler verängstigt: »Ich wars nicht.«

Nach der Stunde fragt der Schulrat den Lehrer und ist entsetzt über den schlechten Bildungsstand der Klasse. Der Lehrer antwortet: »Also ich glaube auch nicht, daß es der Jan war.«

Der Schulrat geht schockiert zum Direktor und schildert ihm den Vorfall. Der meint, er sei zwar auch sicher, daß es der Schüler Jan nicht war, gibt ihm aber 50 Mark mit dem Hinweis, damit sei die Sache aus dem Weg geräumt.

Der Schulrat verläßt deprimiert die Schule und hat nach seinem Urlaub den Vorfall fast vergessen, als ihm die Geschichte bei einem Gespräch mit dem Kultusminister wieder einfällt. Der meint: »Ich vermute ja, daß es der Direktor war, wegen der 50 Mark Schmiergeld.«

**Oma fragt die kleine Petra, was sie
denn einmal werden will.
Wie aus der Pistole geschossen
kommt die Antwort: »Lehrerin.«**

**»Weshalb denn das?« fragt die
Oma.
»Unsere Lehrerin hat vormittags
immer recht und nachmittags
immer frei!«**

»In der Natur gleicht sich alles aus«, erzählt der Lehrer seinen Schülern. »Wenn ein Sinnesorgan beim Menschen fehlt, ist ein anderes um so stärker ausgeprägt. So kann beispielsweise ein Blinder besonders gut hören. Wer weiß noch ein Beispiel«?

Da meldet sich Olaf: »Bei meiner Tante in Pinneberg ist das rechte Bein zu kurz. Dafür ist das linke um so länger.«

Lehrer: »Wer kann den Begriff Morgengrauen erklären?«

Schüler: »Das ist das Gefühl beim Aufwachen, wenn man weiß, daß man in die Schule muß.«

»Unsere Zahlen haben wir von den Arabern«, doziert der Lehrer, »den Kalender von den Römern und das Glas von den Ägyptern. Wer kann mir andere Beispiele nennen?«

»Unser Bügeleisen haben wir von Hubers«, meldete sich der kleine Jonas, »den Staubsauger von

Müllers, den Kredit von der Bank und meinen kleinen Bruder vom Untermieter.«

Der alte Mathematiklehrer trifft nach langen Jahren seinen ehemaligen Schüler Wurzel wieder.
»Na, wie gehts?«
»Bestens, Herr Lehrer!«
»Was machen Sie denn jetzt? Immer noch Schwierigkeiten mit der Rechenkunst?«
»Keine Spur. Ich kaufe alte Kisten für eine Mark das Stück und verkaufe sie für vier Mark weiter – und von den drei Prozent lebe ich!«

Die Lehrerin fragt die Schüler, wie sie sich ihre Zukunft vorstellen. »Wenn ich später mal hübsch werde«, antwortet Antje, »heirate ich einen Millionär. Wenn nicht, werde ich Lehrerin!«

Der pensionierte Oberlehrer hat sich eine späte Liebe angelacht. Auf der Parkbank flüstert er mit Elisabeth: »Liebst du mich?«
»Ja«, haucht sie.
»Antworte gefälligst mit einem ganzen Satz«, fährt er sie an.

Den ganzen Nachmittag hat der Schulrat die Kinder mit ätzenden Fragen genervt. Schließlich fragt er: »Möchte noch jemand etwas wissen?«

»Ja«, fragt einer, »wann geht Ihr Bus?«

Peter und Bert unterhalten sich nach der Klassenarbeit in deutscher Geschichte.

»Mir ist nichts eingefallen, ich habe ein leeres Blatt abgegeben«, sagt Peter.

»Ich auch«, sagt Bert.

»Hoffentlich denkt der Lehrer nicht, wir hätten voneinander abgeschrieben!«

Der Professor hält eine Vorlesung über Verhaltenstheorie. »Wir kommen heute zum Thema ›Lüge‹. Hat jemand von Ihnen das gleichnamige Buch von mir gelesen?« Einige Studenten heben die Hand. »Da liefern Sie ein praktisches Anschauungsbeispiel für meine Theorie. Das Buch erscheint nämlich erst im nächsten Jahr!«

Der Lehrer erklärt den Kindern in der Schule den Begriff der Steuer. »Es gibt direkte und indirekte Steuern. Die Lohnsteuer ist eine direkte Steuer. Wer weiß ein Beispiel für eine indirekte Steuer?«

»Die Hundesteuer.«

»Wieso?«

»Sie wird vom Hund nicht direkt bezahlt.«

Der Student der Zoologie sitzt beim Examen. Der Professor deutet auf einen halbverdeckten Vogelkäfig und fragt: »Welcher Vogel ist das?«

Student: »Weiß ich nicht.«
Professor: »Wie heißen Sie?«
Der Student steht auf und zieht die Hosenbeine hoch: »Raten Sie mal!«

Volksschullehrer beim Biologie-unterricht: »*Wie nennt man Lebe-wesen, die sowohl auf dem Lande als auch im Wasser leben können?*«
»*Matrosen.*«

Die Kinder sollen einen Aufsatz zum Thema »Mein Wunschtraum« schreiben. Der kleinen Manuela fällt viel dazu ein: »Ich wünsche mir ein tolles Haus am Meer, ein Sportflugzeug, viele Kinder und einen reichen Mann.«
Bemerkung des Lehrers darunter: »Reihenfolge beachten.«

»Wissen ohne Verstand ist Tand.«

Ukrainisches Sprichwort

Das Thema des Klassenaufsatzes lautet diesmal: »Was würdest du tun, wenn du im Lotto sechs Richtige hättest?«
Alle schreiben eifrig, nur Jochen gibt ein leeres Blatt ab.

Dreisatz: Ein Lehrer braucht acht Jahre, um einen Schüler zum Abitur zu bringen. Wie viele Lehrer werden gebraucht, um einen Schüler an einem Tag zum Abitur zu bringen?

Nina (4) ist die Tochter des Professors und steht mit ihrer Mutter im Kindergarten. Die Kindergärtnerin will eine Aufnahmeprüfung mit ihr veranstalten: »Sag doch ein paar Sätze!« fordert sie das Kind auf.
»Was denkst du, Mutti«, fragt Nina, »will die Lady nur ein paar grammatikalisch saubere und logisch konstruierte Sätze hören oder soll ich mal zum Spaß ein irrelevantes Statement abgeben?«

Der stolze Vater bei der Lehrerversammlung zum Klassenlehrer:
»Finden Sie nicht auch, daß mein Jüngster recht originelle Einfälle hat?«
»Ja, besonders in der Rechtschreibung.«

Der Lehrer will von seinen Schülern ein Beispiel dafür haben, daß sich die Dinge bei Hitze ausdehnen und bei Kälte zusammenziehen.
Da meldet sich Jan-Olaf: »Im Sommer sind die Tage länger als im Winter.«

Der Dozent an der Kunstakademie zu seiner Abschlußklasse: »Liebe Studentinnen und Studenten: wenn ihr eure Bilder verkaufen wollt, müßt ihr etwas reinlegen.«

»Ja, Phantasie, Inspiration, Fleiß ... «

»Nein, den Käufer!«

Im Biologieunterricht fragt die Lehrerin die Kleinen: »Wodurch unterscheiden sich Schlangen?«
Martina: »Schlangen, die gut sehen, sind Seeschlangen.«
»Und weiter.«
»Schlangen, die schlecht sehen, sind Brillenschlangen. Und Schlangen, die gar nichts sehen, sind Blindschleichen.«

»Was bedeutet Hygiene?« fragt der Lehrer die Kleinen.

Markus: »Wenn man sich die Hände öfter als nötig waschen muß.«

»Ob sich das viele Geld«, fragt Meier II seinen Arbeitskollegen Meier I, »das Sie seit Jahren in den Trompetenunterricht Ihres Sohnes stecken, wohl jemals rentiert?«

»Doch, doch«, meint der, »ich habe schon die beiden Nachbarhäuser zum halben Preis erwerben können.«

Fragt der Biologielehrer: »Was ist der Unterschied zwischen einem Ochsen und einem Stier?«
»Der Stier kann Vater werden, der Ochse nur Onkel!«

»Herr Lehrer«, meldet sich der kleine Sascha, »Ich kann nicht lesen, was Sie unter meinen Aufsatz geschrieben haben?«
»Da steht, daß du deutlicher schreiben sollst!«

Der Lehrer fragt seinen Schüler, den Sohn des Graphologen: »Was hat dein Vater zu meinen Randbemerkungen in deinem Aufsatz gesagt?«

»Jähzornig, gewalttätig, von mittelmäßiger Intelligenz!«

Herr Gerngroß fragt beim Elternabend den Klassenlehrer: »Sehen Sie denn gar keine Möglichkeit, meinen Boris zu versetzen?«

»Nein«, meint der Lehrer, »mit dem, was Ihr Sohn nicht weiß, müßten noch drei andere sitzenbleiben.«

Der Lehrer erklärt heute Fremd-
wörter. »Also«, sagt er, »ein Anonymer ist einer, der auf keinen
Fall erkannt werden will... Wer
quatscht hier dauernd dazwi-
schen?«
»Ein Anonymer!«

**»Was der Esel sagt,
das glaubt er.«**

Persisches Sprichwort

Lehrer: »Sascha, nenne mir einen griechischen Dichter!«

Sascha: »Achilles.«

Lehrer: »Und wodurch soll der bekannt geworden sein?«

»Durch seine Ferse, Herr Lehrer!«

Biologieunterricht in der Mädchenklasse. Der Lehrer erklärt: »Wir haben also gesehen, daß das männliche Gehirn das weibliche *an Größe klar übertrifft. Was folgt daraus?«*

Ein Mädchen aus der Klasse antwortet: »Daß es nicht auf die Quantität ankommt!«

Der Lehrer fragt die Erstkläßler: »Wer weiß, wo die Lunge sitzt?«
David (6) meldet sich. »Ich.«
»Und wo?«
David deutet auf seinen Brustkasten.
»Gut. Weißt du auch, wieviel Flügel sie hat?«
»Klar. Zwei.«
»Woher weißt du das denn alles?« fragt der Lehrer.
»Ich schau meiner großen Schwester immer beim Waschen zu!«

Die Schüler müssen einen Aufsatz schreiben. Es soll eine Geschichte sein, erfunden oder wahr. Auf Marc-Udos Blatt findet der Lehrer nur ein einziges Wort. »Ausgeblieben.«

»Und wo ist die Geschichte?« fragt der Lehrer.

Marc-Udo schüttelt den Kopf. »Weiß ich auch nicht. Als mein Vati gestern unser Dienstmädchen auf dem Flur traf, sagte sie ›ausgeblieben‹ und er sagte ›eine schöne Geschichte‹.«

»Schäm dich, Niki«, tadelt der Lehrer, »als Helmut Schmidt so alt war wie du, war er Klassenbester.«
»Und als er so alt war wie Sie war er Bundeskanzler!«

»Thomas, du hast elf Fehler in deiner Klassenarbeit«, sagt der Mathematiklehrer. »Und Jan neben dir ebenfalls. Woher kommt das?«

»Wir haben denselben Lehrer!«

»Wer glaubt, daß er ein Vollidiot oder mindestens ein Dummkopf ist, soll aufstehen!« sagt der Lehrer in der Klasse.

Langes tiefes Schweigen, niemand rührt sich. Da schließlich steht Marc-Udo, der Klassen-Primus auf.

»Du hältst dich für einen Idioten? Weshalb ausgerechnet du?«

»Nein, das nicht«, sagt Marc-Udo mit fester Stimme, »aber ich wollte nicht, daß Sie allein dastehen!«

Biologieunterricht. Der Lehrer: »Die Ameisen schleppen Stücke, die fünfzig mal so schwer sind wie sie selbst. Was schließen wir daraus?«

»Daß sie keine Gewerkschaft haben?«

Lehrer: »Kann jemand einen Satz mit ›immerhin‹ bilden?«

Peter: »Gestern hat meine Mutter die Nachbarin verprügelt.«

Lehrer: »Und wo kommt da *immerhin* vor?«

Peter: »Da ging mein Vater immer hin!«

Der Lehrer fragt, was ein Gentleman sei. Sascha hat keine Ahnung, doch zufällig kann er die Frage am nächsten Tag beantworten. Als er in der Straßenbahn sitzt, steigt eine schwangerer Frau zu. Alle Plätze sind besetzt, und so bietet ihr Sascha seinen Platz an.

Sie sagt: »Danke, kleiner Gentleman.«

Sascha zum Lehrer: »Ein Gentleman ist ein Mann, der eine schwangere Frau sitzen läßt.«

Biologieunterricht in der ersten Klasse. Der Lehrer nimmt die Störche durch. Da kommt Gekicher aus der hintersten Reihe. Lehrer: »Tanja, was gibts da zu lachen?«

»Aber Herr Lehrer. Wir wissen doch längst, daß es keine Störche gibt.«

»Man muß im Leben immer pflichtgemäß die Entscheidungen treffen«, doziert der Lehrer. »Annette: wenn dich auf dem Weg zur Schule jemand fragen würde, ob du nicht lieber mit ihm ins Café kommen willst. Welche Entscheidung würdest du treffen?«

Annette: »Erdbeertorte mit Schlagsahne!«

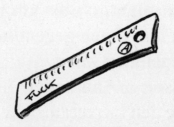

**Keiner geht gern in die Schule
nur Isabell
die rechnet schnell**

Der Student im ersten Semester trifft seinen Professor zufällig auf dem Klo.

Student: »Das ist der einzige Ort, wo ich mir Ihnen gegenüber etwas herausnehmen kann.«

Professor: »Aber auch hier werden Sie den kürzeren ziehen!«

»Wer ist in eurer Klasse der Schlaueste«, fragt der Vater seinen Sohn Olaf.

»Keiner.«

»Wieso, das versteh ich nicht.«

»Der Lehrer sagt immer, bei uns ist einer dümmer als der andere.«

**Lakritz macht spitz
Pizza macht spitza**

SCHÜLERSPRUCH

Der Lehrer der fünften Klasse sieht Kerstin und Rolf aus dem Gebüsch hinter dem Schulhof kommen.

»Was habt ihr da gemacht?« fragt er streng.

»Hm«, sagt Kerstin, »ein wenig gespielt.«

»Na, Rolf?«

»Keine Ahnung. Aber ab jetzt wird das mein Lieblingsspiel.«

Die Kinder lernen in der Schule, wie man das Wort Baby schreibt. Die sechsjährige Jasmin fragt die Lehrerin: »Können Sie auch ein Baby bekommen?«

»Ja.«

»Und meine Mutter?«

»Auch.«

»Und ich?«

»Nein.«

Da murmelt ihr Banknachbar Udo: »Gott sei Dank.«

Rechenunterricht in der ersten Klasse.
Der Lehrer: »David, wenn dir deine Mutter zwei
Brote mitgegeben hat und du eins ißt, was hast du
dann noch?«
David: »Hunger.«

»Wie gefällts dir denn in der
Schule, Thomas?« fragt der Vater.
»Nicht schlecht. Man versaut sich
nur fast den ganzen Tag damit.«

Lehrerin Elke Sonnenschein zu den Erstkläßlern: »Warum hat wohl Noah in seiner Arche von jeder Tierart ein Paar mitgenommen?«

Michael: »Weil er auch der Geschichte mit dem Storch mißtraute!«

**Wer in der Schule nicht den Verstand verliert
der hatte nie welchen**

Olaf fragt seinen Paps: »Stimmt es, daß anal etwas mit dem Hintern zu tun hat?«

Vater: »Ja, mein Sohn. Weshalb?«

Olaf: »Ich glaube, dann hat dich unser Lehrer schwer beleidigt. Weißt du, was er zu dem Aufsatz gesagt hat, den du mir geschrieben hast?«

Vater: »Was denn?«

Olaf: »Diesen Mist muß ein Analphabet geschrieben haben!«

»*Friedrich Gotthelf*«, bemerkt die Gattin des Professors, »*ich muß dich darüber informieren, daß sich ein Einbrecher in unserer Bibliothek befindet.*«
Der Professor (sieht zerstreut von seiner Zeitung auf): »Und – was liest er?«

Macht der Lehrer einmal schlapp sind die Schüler schon auf Trab

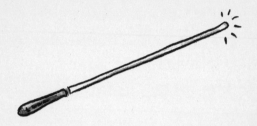

Lehrer zum Schüler Schambein: »Weshalb kommst du schon wieder zu spät?«

Schüler Schambein: »Entschuldigung, Herr Lehrer! Unser Haus ist abgebrannt!«

Lehrer: »Und was war gestern, da bist du auch zu spät gekommen.«

Schambein: »Da haben wir unsere Möbel ausgeräumt!«

Geschichtsunterricht. Lehrer Schmalfuß: »Kurz nach der Schlacht im Teutoburger Wald zündete sich Hermann der Cherusker eine Zigarre an.«

Schüler: »Das kann nicht stimmen?«

»Richtig. Und warum?«

»Rauchen im Wald ist verboten!«

Alle spielen gern Klavier
außer Musiklehrer Rolf
der spielt lieber Golf

Der Lehrer: »Wer hat gestern die Kirschen aus meinem Garten geklaut?«

Rolf: »Herr Lehrer, von hier hinten versteht man nichts.«

Lehrer: »Das gibts nicht! Ich gehe nach hinten, du kommst nach vorne und sagst etwas.«

Rolf: »Wer hat gestern meine Schwester geküßt?«

Lehrer: »Tatsächlich! Von hier hinten versteht man wirklich gar nichts.«

Fragt der Lehrer im Erdkunde-unterricht: »Wie heißen die Urein-wohner der Sahara?«

»Wüstlinge.«

Gespräch zwischen zwei Professoren.

»Ich frage mich, sind Sie das nun oder Ihr Bruder, der letzte Woche gestorben ist. Ich habe doch eine Todesanzeige gelesen.«

»Dann werde ich es wohl sein, verehrter Kollege, denn mein Bruder lebt noch.«

Lehrer zur Klasse:
»Wenn die in den hinteren Bänken
so leise wären, wie die in der mitt-
leren Reihe, die Pornohefte lesen,
könnten die in der ersten Reihe
ungestört schlafen!«

Lehrer zum Schüler Sascha: »Hast
du deine Aufgaben diesmal allein
gemacht?«
»Ja, Herr Lehrer. Nur bei der
Ermordung Cäsars hat mir mein
Vater geholfen.«

Frage der Lehrerin: »*Wer kann die Mehrzahl von* Lebensgefahr *bilden?*«
Sascha: »Lebensgefährtinnen.«

Harry (8) kommt zerknirscht aus der Schule nach Hause, wieder einmal hat er den Beweis, daß es mit dem neuen Lehrer Ärger geben wird. Er überreicht seiner Mutter das Zeugnis.

»Was? In Betragen eine Fünf!« schreit sie. »Nimm dir ein Beispiel an deinem Vater, der ist schon dreimal wegen guter Führung vorzeitig entlassen worden!«

Die Mutter: »Dein Lehrer hat sich über dich beklagt.«

Dorte (13): »Das bedeutet nicht viel. Heute klagt ja jeder.«

Zum erstenmal nach den Sommerferien hat Jens alle Rechenhausaufgaben richtig gelöst.

»Woher kommt das denn plötzlich?« fragt der Lehrer.

»Mein Vati hatte diesmal keine Zeit, mir zu helfen.«

Im Physikunterricht. Der Lehrer zu Markus: »Nun beweise mal, daß die Erde rund ist und sich um die eigene Achse dreht.«

»Herr Lehrer«, ruft Markus, »das habe ich doch nie behauptet!«

**»Mach was du willst,
aber sei der erste!«**

Wallonisches Sprichwort

Lehrer stellt im Biologieunterricht die Frage: »Welcher Vogel baut kein Nest?«

Markus: »Der Kuckuck.«

»Richtig – und warum nicht?«

»Er wohnt in der Kuckucksuhr!«

»Wer am wenigsten weiß, hat in der Regel am meisten zu sagen.«

Griechisches Sprichwort

Der Professor hat die Prüfungen soeben abgeschlossen und ist auf dem Nachhauseweg, als ihm der Student Dünnbier in den Weg tritt: »Herr Professor, ich möchte Ihnen für alles danken, was ich in Ihren Seminaren erfahren durfte.« »O«, sagt der Professor, »diese Kleinigkeit ist nicht der Rede wert!«

Im Chemie-Labor war jeden Morgen die Alkoholflasche leer und der Lehrer ärgerte sich ziemlich darüber. Er klebte ein Schildchen an die Flasche mit der Warnung: »Achtung: Erblindungsgefahr!«
Als er am nächsten Morgen ins Labor kam, war die Flasche wieder leer und ein Schildchen klebte dran mit dem Text: »Ein Auge hab ich riskiert!«

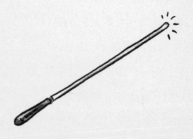

Der Lehrer bemängelt beim Schüler Sebastian, daß aus dem Haus, das er gemalt hat, grüner Rauch aufsteigt.

Lehrer: »Grünen Rauch gibt es nicht.«

Sebastian: »Bei uns schon. Meine Mutter hat gestern Spinat gekocht.«

Justus (7) kommt weinend von der Schule nach Hause und jammert: »Alle in unserer Klasse haben einen Globus, nur ich nicht.«

»Unsinn«, schreit der Vater, »wozu brauchst du einen Klobus. Du gehst zu Hause auf die Toilette!«

Frage eines Schülers an den Biologielehrer: »Ist es wahr, daß Mohrrüben die Potenz steigern?«
Lehrer: »Das mag wohl sein. Das Problem liegt darin: wie sie befestigen?«

»Es gibt keine kleinere und größere Hälfte«, deklamiert der Lehrer vor der Klasse, »ich muß das immer wieder wiederholen, weil die größere Hälfte von euch das nie kapiert!«

»Wer kennt ein Tier mit sechs Bei-
nen?« fragt der Lehrer in der
Klasse.
»Der Elefant«, antwortet Carsten.
»Wieso das?«
»Er hat zwei Vorderbeine, zwei
Hinterbeine und zwei Elfenbeine.«

Der Lehrer vor der ersten Klasse: »Mal aufgepaßt! Angenommen, die Mutter hat sechs Kinder und zwölf Äpfel, die sie unter den Kindern gleichmäßig verteilen will. Was macht sie da?«

»Apfelmus«, antwortet Klaus-Peter.

Im letzten Winkel Bayerns liegt der Hof des Einödbauern Hintermooser. Die schulischen Leistungen seines Sohnes Michel lassen zu wünschen übrig. Der Lehrer bittet Hintermooser zu einem Gespräch in die Schule.

Lehrer: »Hintermooser, dein Bub ist so dumm, der weiß nicht einmal, daß unser HERR Jesus Christus vor zweitausend Jahren gestorben ist.«

Hintermooser (kratzt sich am Kinn): »Ja mei, Lehrer, bei uns in der Einöd ham mir keine Zeitung, kein Fernseher, kein Radio, einfach nix. Wir haben gar nicht gewußt, daß der HERR überhaupt krank war!«